**O espaço das palavras –
de Mallarmé a Broodthaers**

O espaço das palavras –
de Mallarmé a Broodthaers

Jacques Rancière

Tradução

Marcela Vieira e Eduardo Jorge de Oliveira

COLEÇÃO
peles inventadas

© Jacques Rancière, 2005
© Relicário Edições, 2020

Dados Internacionais de Catalogação na Publicação (CIP) de acordo com ISBD

R185e

Rancière, Jacques

O espaço das palavras: de Mallarmé a Broodthaers / Jacques Rancière ; traduzido por Marcela Vieira, Eduardo Jorge de Oliveira. - Belo Horizonte, MG : Relicário, 2020.
  68 p. ; 12cm x 17cm.

  ISBN: 978-65-86279-00-9

Título original: "L'espace des mots : De Mallarmé à Broodthaers"

  1. Poesia. 2. Mallarmé. 3. Broodthaers. 4. Estética. 5. Filosofia da arte. I. Vieira, Marcela. II. Oliveira, Eduardo Jorge de. III. Título

CDD 869.1
CDU 821.134.3(81)-1

2020-436

Elaborado por Vagner Rodolfo da Silva - CRB-8/9410

COORDENAÇÃO EDITORIAL
Maíra Nassif Passos

COORDENAÇÃO DA COLEÇÃO PELES INVENTADAS
Eduardo Jorge de Oliveira

CAPA E DIAGRAMAÇÃO
Caroline Gischewski

REVISÃO
Lucas Morais

• Imagens da obra de Marcel Broodthaers (pgs. 7 e 61) gentilmente cedidas pelo Centre Georges Pompidou / Paris, com agradecimentos a Phillippe Alain-Michaud e a Maria Gilissen.

RELICÁRIO EDIÇÕES
Rua Machado, 155, casa 1, Colégio Batista
Belo Horizonte, MG, 31110-080
relicarioedicoes.com | contato@relicarioedicoes.com

A palavra ou a ideia – indissoluvelmente ligada ao ser – está na origem das noções modernas de espaço nas artes plásticas e na música (…) Não existem outras estruturas primárias senão as da linguagem que as define. Com isso, pretendo dizer que um artista não constrói um volume. Ele escreve em volume (…) o espaço é o traje dos cegos.

Marcel Broodthaers

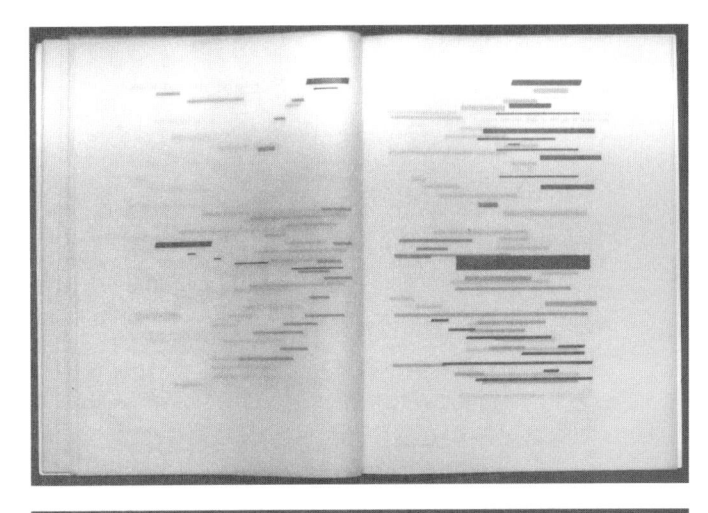

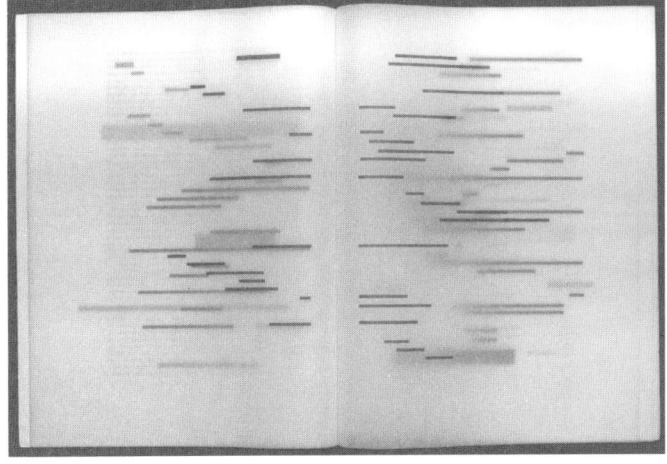

Páginas do livro "Un Coup de Dés Jamais N'Abolira Le Hasard", de Marcel Broodthaers. Antuérpia, 1969.

Meu título parece retomar um ponto bem particular da história da arte e de sua crítica, o encontro de Broodthaers com Mallarmé, firmado principalmente pela exposição literária que Broodthaers organizou sobre o poeta e pela obra singular que lhe dedicou: essas doze placas que apresentam as doze páginas duplas do poema de Mallarmé, *Un coup de dés jamais n'abolira le hasard* [*Um lance de dados jamais abolirá o acaso*]. Porém, esse encontro não é uma questão específica da história da arte. Ele provoca uma reflexão mais ampla sobre a relação das palavras com o espaço que convida a analisar o que se costuma chamar de modernidade na arte e seus riscos políticos.

Na verdade, o encontro se apresenta sob a forma de um paradoxo simples de ser formulado: Broodthaers vê em Mallarmé "o fundador da arte contemporânea". Ele vê em *Um lance de dados jamais abolirá o acaso* o tratado de arte que convém ao nosso tempo, e invalida o de Leonardo da Vinci, culpado por ter concedido demasiada importância às artes plásticas. Consequentemente, ele homenageia o fundador propondo sua "imagem" do poema, o que também quer dizer sua aplicação do "tratado". Ora, essa imagem consiste em apagar o texto inteiro e substituí-lo por retângulos pretos em sua distribuição espacial, ou seja, sua "plástica", mais especificamente. Como então pensar essa homenagem a Mallarmé, que consiste em tornar seu poema ilegível? Como o novo tratado de arte antiplástica pode ser realizado na forma contraditória do devir-plástico do seu texto? Pode-se discordar que essas doze placas cobertas por linhas pretas respondem ao que Mallarmé defendia: o poema que "persegue rigorosamente" a identidade entre a íntima disposição do teatro do pensamento e a distribuição do preto e do branco no teatro da página. Mas essa objeção apenas enfatiza o cerne da dificuldade: como pensar *esse espaço* que faz com que o textual e o plástico sejam idênticos?

A singularidade da resposta de Broodthaers talvez só seja compreensível à luz de uma conceituação anterior sobre a espacialidade do poema mallarmeano formulada por Paul Valéry em uma de seus célebres frases: "Tive a impressão de ver a figura de um pensamento pela primeira vez em nosso espaço... aqui a extensão realmente falava, fantasiava, constituía suas formas temporais".[1] A extensão dizia: a frase de Valéry formula o cerne da questão. A identidade do poema e da figura no espaço também é o equívoco sobre a causa eficiente dessa identidade. O pensamento puro

---

[1] Paul Valéry, "Variété", *Œuvres*. Paris: Gallimard, 1957, t. 1, p. 624.

que reluz por um instante no espaço da página atesta simultaneamente o poder de um espaço que produz formas. Com esse poder atribuído ao espaço, a oposição entre Leonardo da Vinci, o homem da antiga estética, e de Mallarmé, o fundador da nova, perde-se assim que é formulada. Provavelmente é a essa confusão que respondem as fórmulas provocativas que expressam o mallarmeísmo de Broodthaers: "A palavra ou a ideia – indissoluvelmente ligada ao ser – está na origem das noções modernas de espaço nas artes plásticas e na música (...) Não existem outras estruturas primárias senão as da linguagem que as define. Com isso, pretendo dizer que um artista não constrói um volume. Ele escreve em volume (...) o espaço é o traje dos cegos".[2] Tais textos afirmam o primado absoluto das palavras-ideias nas fór-

---

[2] Marcel Broodthaers, *MTL*, documentos reproduzidos no catálogo da exposição *Marcel Broodthaers*, do Jeu de Paume. Paris: 1991, p. 147 e 149.

mulas que frisam a negação berkeleyniana da "realidade exterior". Na época, eles encontraram estímulo nos textos de outro grande mallarmeano, nos *Escritos* de Lacan, afirmando a primazia do significante. E, como resposta, eles alimentaram vários comentários, apressados em encontrar trabalhos práticos do traço da barra significante. No entanto, não é à relação entre o significante e o significado que Broodthaers se dedica, mas à relação que o espaço estabelece entre a palavra-ideia e a forma plástica. E é aí que o problema se apresenta. Broodthaers defende o poder das palavras em criar espaços. Ora, o modo como ele aplica isso no poema de Mallarmé parece contradizer esse princípio, pois o que ele fez foi separar as palavras e as imagens. Por um lado, ele reproduziu em uma página dupla o texto do poema em uma sequência dividida apenas pelas barras oblíquas que simbolizam as passagens para a linha. Por outro, ele reproduziu a disposição espacial sem as palavras. Ele apagou as palavras em nome de um equivalente plástico que comunica a identidade desprendida do espaço estendido. Sem dúvida, os cinco tamanhos diferentes das letras utilizadas por Mallarmé são traduzidos pela diferente largura das linhas na "imagem" de Broodthaers. Mas Mallarmé havia implementado outros traços de distinção tipográfica. Para impor a potência espacializante das próprias palavras, ele preferiu utilizar como fonte a Didot comum, e não a Garamond, favorita dos estetas. Recorreu a maiúsculas e minúsculas, redondos e itálicos para diferenciar os "motivos" da ideia, realinhou algumas passagens para que as palavras que formam rima espiritual caíssem exatamente umas sobre as outras. E no cerne da dramaturgia espacial de *Un coup de dés* encontravam-se, de forma bem evidente, as três páginas duplas em itálico, imitando a "dúvida" da ideia e sua "insinuação" no centro do espaço indiferente. Esse emaranhado gráfico do drama desaparece sem qualquer resquício na uniformização das barras negras de Broodthaers.

Mas sobretudo a *mimesis* espacializante era dupla no poema de Mallarmé. "A constelação", dizia ele, "terá efeito conforme as leis exatas e, inevitavelmente, o quanto for permitido a um texto impresso, uma aparência de constelação".[3]

No entanto, se o desenho da Ursa Maior estava impresso nas linhas deslocadas da última página de *Coup de dés*, era porque a "vigília", a "dúvida", o "brilho" e o "sagre" projetavam sua ideia aí. As linhas imitavam a ideia na medida em que as palavras também o faziam, assimilando o desenho imaginário dos objetos evocados na distribuição visível de linhas. A espacialização do *Coup de dés* combinava, assim, dois espaços: o espaço virtual, que o poder de evocação

---

[3] Carta a André Gide, 14 de maio de 1897. *Correspondência. Cartas sobre a poesia.* Editado por B. Marchal, Folio-Gallimard, p. 632.

das palavras desenha no espírito, e o espaço material constituído pela disposição gráfica. A plastificação de Broodthaers institui, ao contrário, uma espacialização indiferente. Esta parece dar o movimento do poema àquilo que o poema de Mallarmé procura invocar, "o espaço que lhe é próprio, que se afirma e se nega". Parece torná-lo parecido àquele espaço que o próprio Broodthaers, em nome de Mallarmé, diz ser o "traje dos cegos". De um lado, Broodthaers afirma, em nome de Mallarmé, a primazia da palavra significante sobre a forma espacial. De outro, ele reduz às insignificantes linhas espaciais as palavras do poema, sendo que este representa a forma mais sistemática do modo como Mallarmé afirmava um espaço próprio das palavras. O que as doze placas parecem destacar é, justamente, que não existe espaço próprio das palavras. Existem palavras e existe a extensão.

Para compreender esse paradoxo, é preciso desdobrar o problema, perguntar-se qual é exatamente a ideia de arte que reúne Mallarmé e Broodthaers ao redor do emaranhado entre a escrita e o espaço, de que modo Mallarmé teoriza e pratica essa ideia, e por que o modo como Broodthaers compreende a mesma ideia o obriga a se voltar contra a iniciativa mallarmeana. Tocamos então em uma questão que não diz respeito simplesmente aos poucos especialistas da relação entre Broodthaers e Mallarmé, mas ao que chamamos de modernidade artística e de relações entre estética e política.

Comecemos pelo início: o que cria o elo entre Mallarmé e Broodthaers é uma certa ideia da comunidade de signos e formas, da linha da escrita e da superfície das formas. É uma mesma ideia que aborda o que outrora se chamava de "correspondência das artes". Esta ideia se opõe claramente à visão dominante da modernidade artística. Segundo esta última, as artes teriam se tornado modernas aplicando a lição de Lessing, que rompe a correspondência das artes que regia a primazia do poema, e envia cada arte à conquista do seu médium e de sua forma de expressão autônomas.

A revolução artística que ocorreu entre os séculos XIX e XX seria então essencialmente uma autonomização de cada arte. A pintura, livre da anedota representativa, se preocuparia apenas com os recursos de sua própria materialidade, a da superfície bidimensional e da matéria colorida; a música, liberta das formas expressivas impostas pela tradição poética, exploraria os recursos puros da sonoridade; quanto à literatura, ela exploraria os recursos da função poética, intransitiva da linguagem, oposta ao seu uso comunicacional, etc. No centro desse paradigma encontra-se o papel quase místico atribuído à superfície pictórica. Já que, desde a recusa do privilégio do poema, a pintura é considerada a arte encarregada por testemunhar a arte, a afirmação da pintura como arte pura da superfície tornou-se a peça crucial da teorização modernista da autonomia da arte como autonomia *das artes*.

Há algumas décadas, esse paradigma foi aparentemente questionado. Mas ele o foi em seus próprios termos. O "pós-modernismo" validou-o no passado, decretando-o obsoleto, remetendo-o a uma época heroica da modernidade à qual ele teria servido, mas que agora teria dado lugar à miscelânea generalizada dos signos e das formas. Essa "crítica" confirma, de fato, a visão simplista de um desenvolvimento linear da história da arte e da história em geral. Ela impede uma verdadeira crítica do paradigma modernista, que permitiria compreender que esse paradigma deixou de ser válido não porque os tempos mudaram, mas porque ele nunca foi válido, que ele próprio não passa de uma interpretação posterior da revolução estética muito mais lenta e muito mais complexa que rompeu com o paradigma representativo. Uma verdadeira crítica do esquema modernista deve romper com a ideia segundo a qual a ruptura com o regime representativo teria significado uma autonomização de cada arte em seu domínio e com seu próprio material. É o inverso que é verdadeiro. Quando ruiu o modelo representativo que mantinha as artes apartadas entre elas, segundo as regras da analogia, o que se produziu não foi a concentração de cada arte sobre sua própria materialidade, mas, ao contrário, essas próprias materialidades começaram a cair umas sobre as outras, sem mediação. A recusa das regras da representação que guiavam a comparação das artes conduz não para a autonomização de cada uma delas sobre o seu próprio suporte, mas, ao contrário, para o encontro direto de seus próprios "suportes". Quando o poeta deixa de contar uma história ou de falar de seus próprios sentimentos, o que ele está explorando não é mais a intransitividade da linguagem, mas o espaço plástico da escritura. Quando o pintor deixa de pintar mulheres nuas, cavalos de batalhas, o que ele está pintando, de fato, talvez seja ideias e palavras. Assim, ambos se veem construindo o ponto ou o espaço de permutabilidade dos suportes: esboço da ideia ou ritmo das coisas na página, dinamismo do movimento na superfície imóvel, pintura das palavras ou colagem de objetos na tela.

É claramente essa outra ideia da revolução estética que se aplica ao *Coup de dés* mallarmeano e à sua plastificação por Broodthaers, e que se aplica também ao trabalho de Broodthaers e a outras superfícies artísticas pelas quais ele se interessou: a sonata de palavras e as colagens de Schwitters ou os quadros-enigmas de Magritte. Ela também é comum a artistas ou a práticas artísticas que ele ignora ou conjectura: caligramas *à la* Apollinaire, quadros partituras *à la* Ciurlionis ou *à la* Klee, tipografias *à la* Rodchenko, poemas-objeto do surrealismo, etc. Todos esses casos executam uma ideia de superfície estritamente oposta ao paradigma modernista: neste caso, a superfície não é a guardiã da pureza da arte por meio da pureza pictural. Muito pelo contrário, ela é uma superfície de troca onde os procedimentos e as materialidades das artes deslizam uns sobre os outros, onde os signos tornam-se formas e as formas tornam-se atos. Assim, as formas de arte não se distinguem das proposições da linguagem. Elas também não se distinguem, em uma última instância, das formas de construção da vida "não artística". A plastificação do poema de Mallarmé inscreve-se nesse espaço de troca. Dar uma versão plástica do *Coup de dés* é, em primeiro lugar, separar Mallarmé de sua simples citação modernista da "intransitividade" da linguagem, inscrever-se na continuidade de uma ideia de arte que liga a pureza ideal do poema a um dispositivo material específico: teatro, coreografia, pantomima ou tipografia. Mas ela se inscreve aí de modo particular. Redobrando a espacialização mallarmeana e emudecendo seu espaço falante, Broodthaers divide o paradigma da superfície de troca. A "imagem" do poema que ele propõe interrompe o casamento feliz entre a escritura e o espaço. Ela introduz na grande utopia da superfície de troca das palavras e das coisas, da arte e da vida, um distanciamento próprio para questioná-la. Para compreender o sentido dessa operação, é preciso retornar ao próprio Mallarmé. Em que consiste a fundação mallarmeana? Como o *Coup de dés* exemplifica isso? E o que funda os deslocamentos do modelo que ele proporciona? É de fato no modo como Mallarmé concebe o idealismo poético que se enraízam os deslocamentos, extensões ou reviravoltas do seu projeto.

Aparentemente, o ponto de partida de Mallarmé é uma oposição radical entre imagem e modernidade. "O moderno se recusa a imaginar", diz ele, em uma célebre formulação. É preciso entender bem o que o desprezo da imagem quer dizer. Sempre se falou sobre a pureza noturna da escrita, ou seja, a intransitividade de uma arte da linguagem que só se preocuparia consigo mesma e com a anulação que a corrói. Mas, ao lermos a frase inteira de Mallarmé, ela nos diz algo completamente diferente. "O moderno se recusa a imaginar, mas, com habilidade para se servir das artes, ele espera que cada uma o arraste para onde brilha uma potência especial de ilusão, e depois ele consente."[4]

O que se opõe à imagem não é a noite gelada do papel branco, mas a performance enquanto tal: o desdobramento espacial de um fascínio cujos fogos de artifício dão, de bom grado, o exemplo. O traço constante da poética mallarmeana é tipicamente este: a pureza espiritual do poema manifesta-se por um traço espiritual próprio. A língua pura, oposta à língua impura da tribo, ou o teatro espiritual do poema, oposto às profanações da rua, sempre se anunciam em disposições espaciais na configuração visível de um espaço material. A dançarina iletrada escreve com seus passos, "sem o aparelho do escriba", o poema interior daquele que deixa aos seus pés "a flor de (seu) devaneio poético". Se essa analogia do "teatro anterior" e do espaço escrito não

---

[4] "Richard Wagner. Rêverie d'un poète français", Mallarmé, *Œuvres complètes*. Paris: Gallimard, 1945, p. 542.

pode ser encontrada na cena dos lugares de espetáculo, ela pode sempre se encontrar face a face com a página dupla aberta onde o poema escrito torna-se a coreografia do poema do seu leitor. À disposição do jornal, com a tinta espalhada na superfície, não é a pura interioridade do poema que se opõe, mas uma outra disposição do escrito: o volume que alternativamente sepulta a disposição em coro das folhas e a faz ressuscitar entre as mãos abertas do leitor; a dupla página governada pela potência do branco, centro espiritual que dispersa o escuro das palavras em guirlandas ou pingentes, análogos aos lampejos, aos distanciamentos e às suspensões do pensamento.

É essa analogia que deve manifestar a tipografia de *Coup de dés*, igualando a distribuição das linhas e dos caracteres aos movimentos do pensamento. Mas essa *mimesis* espacial do pensamento só se realiza pela mediação de uma outra *mimesis*. A equivalência do derradeiro movimento afirmativo do pensamento e do movimento das linhas sobre a última página só acontece pela imagem que os une: a assimilação da disposição das linhas com um desenho das guardas[5] e do corpo da Ursa Maior, que simboliza a luz do desaparecimento, a luz espiritual que a escrita ilumina no auge do desaparecimento das coisas à noite. Na página verifica-se a analogia da potência espacializante do poema com o "alfabeto dos astros". A ideia se reflete no seu espaço, pois aí se imita a história em que o enigma do poema faz analogia com uma trajetória no espaço: grande agitação do mar em que o risco do "naufrágio" puro e simples transforma-se em ondulação de sereia; arremesso de dados que traça uma constelação análoga ao espetáculo do céu estrelado, arriscando sua perda em uma agitação qualquer de ondas; movimento de variação ou de desdobramento da cabeleira que imita o movimento de

---

[5] Cada uma das estrelas mais brilhantes da constelação chamada Ursa Maior [NDT].

aparecimento e desaparecimento, círculos de fumaça semelhantes à imaterialidade do poema, ondas altas onde as bolhas representam as sereias evanescentes que alegorizam sua manifestação passageira.

O poema mallarmeano se espacializa para manifestar a analogia do espírito puro com todos esses gestos de dobra e de desdobramento, de obscurecimento e de retorno à luz, de projeção de acaso e de florescência luminosa, que eles próprios imitam a morte e a ressureição cotidianas do sol. Ele também se espacializa porque sua própria materialidade o inscreve entre esses artifícios da elevação humana, de autocelebração do animal quimérico como tal, que substituíram as pompas reais e as antigas eucaristias: fogos de artifício de Quatorze de Julho em que a república simboliza, no "feixe múltiplo e iluminante", "a riqueza anual e a colheita dos seus grãos"; "quimeras tangíveis" de bibelôs, tecidos e buquês íntimos entre os quais repousa a "caixa espiritual de uma centena de páginas", que se confunde com as dobras do tapete, "suas dobras bordadas com arabescos significativos e com monstros".[6]

De fato, o gesto de singularização do poema não é um gesto de isolamento da arte. Ele caracteriza, ao contrário, uma forma de simbolização da comunidade que é uma outra forma de espacialização. A vida da comunidade obedece, para Mallarmé, a uma dupla lei, a economia e a estética. Mas "a estética" é, por si só, uma outra forma de economia que se traduz em uma outra organização do espaço. Existe o espaço horizontal de troca mercadológica, comunicacional e democrático: o espaço onde a tinta corre uniformemente sobre o jornal, onde a palavra é trocada como uma moeda passada silenciosamente de mão em mão e na qual os escavadores pegam a terra à direita para levá-la

---

[6] Villiers de l'Isle Adam, *Œuvres complètes*, p. 499-500. Sobre esse tema, remeto-me ao meu livro *Mallarmé. La politique de la sirène*. Paris: Hachette-Littérature, 1996.

à esquerda, com o risco de fazer, em seguida, o trajeto inverso pelo mesmo salário. A esse mundo horizontal da eterna equivalência, Mallarmé opõe o espaço vertical com uma grandeza comum: fogos de artifício da república ou ouro do poema projetando seus artifícios "em alguma elevação protegida e de relâmpago", transformando-o em uma constelação fixada sobre a superfície "vaga e superior".

Mallarmé formula, assim, um certo emaranhado de palavras e do espaço, que também é uma certa ideia de identidade entre signos, formas e atos. Ele desenha, à sua maneira, uma política ou metapolítica dessa adequação. A superfície de identidade entre os signos, formas e atos realiza o que poderíamos chamar de política da revolução estética: a ideia de uma revolução da vida como revolução das formas, tornar idênticos os atos e as formas que suprimem as imagens em proveito de uma vida que está inteiramente em ato. Que as palavras se façam formas e que as formas se façam atos, isso quer dizer também que a vida não se separa mais nem de um idealismo artístico, nem de um idealismo político.

Nesse sentido, o "simbolismo" mallarmeano define também a fórmula de estéticas que pretendiam romper com os delírios celestes do simbolismo, mas que, no entanto, representam novamente a fórmula mallarmeana de identificação da superfície de identidade das palavras e das formas com a inscrição de um tipo de novo céu coletivo. Mas essa elevação constitutiva de um outro espaço, de outra economia, não tem outros materiais a não ser aqueles possibilitados pelo acaso. Assim, a "Declaração ambulante" transforma em teatro o simples desdobramento de uma cabeleira, o "Espetáculo interrompido" faz do deslizamento acidental de um espetáculo de montaria uma alegoria espiritual do teatro e da grandeza humana, com o risco de que, nesse poema, a tela caída venha novamente destruir "seu diário de tarifas e de lugares comuns".⁷ É sobre a superfície de uma página, pela divisão dos pretos e brancos, que o poema deve fazer sua diferença. Ele se separa da banalidade comunicacional e comercial, mimetizando em preto sobre branco o alfabeto dos astros. Mas ele o mimetiza apenas com o risco de confundi-lo para sempre com "uma ondulação inferior qualquer" ou a "neutralidade indiferente do abismo". O ápice da arte é, em cada ponto, tomado na indiscernibilidade do comum. Para que o poema possa fundar uma outra economia, é preciso que um poema exemplar prove a absoluta diferença do que lhe é semelhante, fixando no espaço o número único que não pode ser outro. Mas a prova só é dada para se negar em seguida. O número único é sempre uma colagem de acaso. E esse número do

---

⁷ "Un spectacle interrompu", Mallarmé, *Œuvres complètes*, p. 278 e "La declaration foraine", Ibid., p. 282.

acaso está sempre ameaçado de se perder na banalidade do "oceano da fome vã". O gesto do marinheiro, que hesita em "não abrir a mão", dá a imagem desse risco do ouro poético, sempre prestes a ser entregue, seja a alguma agitação qualquer da consumação democrática, seja aos dilúvios sinfônicos do novo poema, da obra de arte completamente wagneriana em que o povo assiste à nova missa que celebra não mais sua grandeza quimérica, mas seu mito encarnado. Não será uma surpresa encontrar na obra de Broodthaers a mesma referência a Wagner e à constância de uma mesma oposição. À música wagneriana do mito coletivo, Mallarmé contrapunha a Ode sem outros símbolos além daqueles desenhados a partir do encontro dos seus tipos abstratos com o olhar da multidão. Sabe-se que Nietzsche opunha, por sua vez, a *séguedille* de *Carmen*. Quanto a Broodthaers, ele vai remeter a Richard Wagner – e ao seu suposto herdeiro Josef Beuys, o apóstolo da "plástica social" – uma carta acusativa assinada por Jacques Offenbach.[8]

A arte poética afirmada por Mallarmé porta essa lição desconcertante que futuristas ou surrealistas, artistas pop ou conceituais irão redescobrir e interpretar cada um a seu modo: aqui onde a arte não é mais regida por normas, onde ela deve, segundo sua definição, fabricar sua própria prova, distinguir-se da não-arte, ela só pode fazê-lo identificando-se com uma outra forma de não-arte. É assim que na obra de Mallarmé o poema se apresenta como traço espacial e objeto do mundo. O próprio da arte a partir de então é distinguir entre a maneira artística e a maneira não-artística de propor a identidade da arte e da não-arte. Que uma coisa seja e não seja um cachimbo, a coisa teria pouca consequência se só dissesse respeito ao arbitrário do signo. Ela só tem valor se servir para

---

[8] Marcel Broodthaers, *Magie. Art et politique*. Paris: Multiplicata, 1973.

traçar esse gesto da arte que separa sua própria indiscernibilidade do seu contrário.

É dentro desse jogo do discernimento do indiscernível que se deve compreender a espacialização de Broodthaers e seu desafio político. A transformação que ele opera do espaço verbal/gráfico de Mallarmé opõe-se, de fato, a uma certa identificação da superfície das palavras-imagens com um novo céu coletivo. É essa identificação que, desde Mallarmé, foi perseguida, por meio de uma multiplicidade de usos da superfície que influenciam três figuras exemplares.

Em primeiro lugar, eu penso no caligrama de Apollinaire, *Bonjour Mon frère Albert à Mexico* [*Bom dia meu irmão Albert no México*], no qual a radiante disposição das palavras e de seus círculos em volta de um centro ocupado pelas palavras *"hauts trois cents mètres"* [altos de trezentos metros] mimetiza a difusão radiofônica de mensagens por ondas do alto da Torre Eiffel. Também é possível evocar os cartazes de

Rodchenko para a companhia aérea de Dobrolet, que harmonizam a forma das letras do nome da companhia com a forma geometrizada dos aviões e, simultaneamente, harmonizam o cartaz plano sem perspectiva com a conquista física do espaço e o trabalho dos construtores do novo mundo soviético que ataca o céu. Mas o exemplo mais significativo é, sem dúvida, o dos quadros-poemas feitos por Schwitters com ajuda dos detritos recolhidos da vida ordinária, desde bilhetes de ônibus até as engrenagens de relojoaria. Foi ele quem, particularmente, chamou a atenção de Broodthaers. Este fala da "engrenagem do espaço" no movimento em que ele entendeu a obra de Schwitters, obra que, segundo ele, "em vez de estrelas, transportava pedaços de madeira, velhos pregos, bilhetes de ônibus, tudo o que o usuário da Vida abandona nos porões e nos sótãos, nas plataformas da estação e nas calçadas das ruas, como a maré abandona os destroços". Schwitters constrói um espaço de indiferenciação onde se redefinem elementos que constituem um novo mundo sensível, aquém da distinção da frase poética e do desenho gráfico, da superfície pictórica, do relevo estrutural ou do ritmo musical, dos materiais da arte e da vida ordinária.[9] Por meio de suas colagens, seus poemas de letras e números ou sua sonata de sons, afirma-se uma mesma ideia da superfície sem diferenciação que define uma certa forma de "comunismo estético".

Em nome de Merz e Dada, como em nome do construtivismo ou, de uma forma poética, do cubismo, esses pontos de partida constroem uma mesma superfície da impropriedade, uma superfície do comunismo artístico que pode se casar com outra ou recusá-la em nome do senso

---

[9] "Colei juntas palavras e frases de poemas de modo que sua disposição formasse um desenho ritmado. Ao contrário, colei pinturas e desenhos onde seria preciso ler as frases. Preguei as pinturas de modo que, além do efeito pictórico, exista também um relevo plástico." "Déclaration pour exiger un théâtre Merz", Kurt Schwitters, Merz - escritos escolhidos e apresentados por Marc Dachy. Paris: Gérard Lebovici, 1990, p. 59.

comum que ela constrói.[10] Sobre essa superfície comum, "o essencial", diz Schwitters, "é dar forma". A partir daí nós podemos começar a compreender a própria estratégia de Broodthaers. O primeiro filme que ele realizou foi dedicado a Schwitters e ele o apresenta como a ocasião de um conflito de gerações; o pai de Broodthaers teria reclamado de não ter visto nada nesse filme completamente escuro. Quanto ao filho, ele teria percebido nessa reação o sintoma de uma atitude "formalista" característica da geração do seu pai. Para este, os objetos colados nas telas de Schwitters realmente representavam "os papéis servis de uma mancha de cor e de uma pincelada destinados a sustentar a composição".[11] A anedo-

---

[10] "Não há mais propriedade, agora apenas o comunismo ainda sabe o que é a propriedade". Kurt Schwitters, Anna Blumme. Paris: Ivrea, 1994, p. 28.

[11] *Marcel Broodthaers, Cinéma*, editado por Manuel J. Borja-Villel e Michäel Compton, em colaboração com Maria Gilissen. Barcelona: Fondacio Antoni Tapies, 1997, p. 25.

ta nos diz o seguinte: Broodthaers intervém em um tempo em que a grande utopia-simbolista, simultaneísta, futurista ou dadaísta – da identidade dos signos, das formas e dos atos, estava de algum modo congelada onde ela se tornou a forma renovada da arte das formas. Os projetos de vida que pretendiam substituir as obras de arte também se tornaram obras de arte, assim como as outras em que as *técnicas mistas* simplesmente substituíram os pigmentos de outrora.

Dizendo de outro modo, as superfícies de Rodchenko, de Apollinaire ou de Schwitters se tornaram essas superfícies que Clement Greenberg celebra como guardiãs da autonomia da arte. Diante dessa involução, é preciso reativar a superfície, reencenar a dramaturgia da troca de lugares e do status entre signos e formas. Mas é preciso encenar de outro modo: aqui, onde toda uma geração tinha procurado fusionar signos, formas e objetos, Broodthaers, em sentido inverso, vai utilizar a superfície como pintura negra, lugar que permite questionar novamente o processo de fusão. Esta fusão pretendia dar a fórmula de uma arte nova. Ela realmente renovou a velha fórmula da arte. Ela queria dar a fórmula de uma arte identificada com a construção de um mundo novo: dupla economia mallarmeana ou economia única da construção das formas da vida moderna, sobre o modo simultaneísta, construtivista ou futurista. Ele forneceu a fórmula da identificação crescente da arte no mundo da mercadoria. A superfície-pintura negra do encontro dos heterogêneos deve ser então a superfície de confronto da arte da superfície com a lógica da mercadoria.

É preciso reintroduzir na superfície a heterogeneidade dos signos e das formas. E, para isso, é preciso de certa forma abordar o projeto "moderno" de Mallarmé por um outro viés. É preciso empregar novamente as noções que a arte dos signos/formas quis evacuar da arte: as da semelhança e da imagem. A plastificação do *Coup de dés* de Mallarmé é dada por Broodthaers como uma "imagem" do poema. Nós devemos dar a essa palavra toda a sua significação. Broodthaers compara Mallarmé ao regime da imagem. Ao inverter a lógica mallarmeana, ele faz da imagem um instrumento de reflexão propício para repensar esse encontro de signos, formas, objetos e atos que foi a grande utopia da arte, de Mallarmé a Rodchenko ou Schwitters.

A operação que torna ilegível o poema "espacial" mallarmeano está em pleno acordo com uma prática da palavra e da imagem que sublinha sua distância. Não existe mais alfabeto dos astros como forma formadora de uma nova vida. Se o alfabeto encena um papel essencial em Broodthaers, é pelos abecedários que, dando imagens às letras, iniciam um devir-coisa das significações, ao contrário das combinatórias de elementos primitivos apresentados pelos poemas de Anna Blume. E os números que ele revela em comentário ao poema de Heine e às imagens do rochedo da Lorelei não são os números inteiros, indefinidos e geradores que

Schwitters reunia. Eles são os corredores do mercado em Munique, Hamburgo, Hannover, Amsterdã ou Paris.[12] A superfície onde se combinam as palavras e as imagens de Broodthaers é, assim, uma superfície da arte porque é um espaço de confrontação. A palavra "figura", que reaparece obstinadamente em Broodthaers para designar qualquer coisa e sua ausência – cachimbo sem fumaça, fumaça sem fumante, ausência de cachimbo, poema reproduzido ou apagado, etc – marca esse deslocamento. Aqui, onde toda uma época quis estabelecer a fusão da palavra e da imagem, da obra de arte e dos gestos da vida, ele marca, ao contrário, a fronteira. À fusão dos elementos opõe-se o choque dos incompatíveis. Somente esse choque conhece duas grandes formas que também definem os dois grandes caminhos da imagem surrealista. A primeira reúne os elementos que

---

[12] Marcel Broodthaers. *En lisant la Loreleï*. Genève: Mamco, 1997.

não têm nenhum motivo para se juntar. É o encontro do guarda-chuva com a máquina de costura, que os opõe apenas para melhor reuni-los não exatamente sobre a mesa de dissecação, mas também no incondicional do sonho.

A segunda, por outro lado, só se prende à incompatibilidade das coisas que são parentes entre si, parecidas entre si: a impossibilidade de que o cachimbo pintado seja um verdadeiro cachimbo ou de que o cachimbo e a palavra que o designa ocupem o mesmo lugar.

É este segundo modo que Broodthaers escolhe ao distinguir Magritte de todos os suportes surrealistas da indistinção do sonho e da realidade, para fazer dele um precursor da *pop art*. O que liga Magritte aos artistas da *pop art* é trabalhar não para a conjunção dos estranhos ou para a transfiguração do banal, mas para a interrogação sobre dois estados de uma mesma coisa ou de uma mesma significação. Mas, na verdade, essa filiação declarada supõe uma distância deliberada com o pensamento e com a prática de Magritte. De fato, as confrontações que este opera entre coisa, imagem e signo ressaltam ainda uma certa ideia do projeto mallarmeano, partilhada pelos construtivistas ou pelos dadaístas, futuristas ou surrealistas. Elas sugerem forjar, contra as ligações do senso comum, um novo *sensorium*, outros hábitos perceptivos. É por isso que elas reivindicam a categoria mallarmeana do "mistério" que resume essa ideia. É o motivo também da "contradição entre a palavra pintada e o objeto pintado", se ela se apresenta em termos linguísticos, se é resolvida em termos visuais. "Em uma pintura as palavras são da mesma substância que as imagens".[13] Na prática do pintor, esse equivocado parentesco torna-se um princípio de homogeneização: o recipiente que contém o único nome do objeto encontra-se na tela de Magritte na posição que ocuparia sua

---

[13] "Les mots et les images", René Magritte, *Écrits complets*, p. 60.

imagem ou, ainda, projetando sua sombra assim como qualquer corpo sensível.

Quanto a Marcel Broodthaers, ele não é pintor. Se ele deixa de ser poeta, não é para se tornar artista plástico. É para se tornar *artista*, ou seja, para realizar também uma nova ideia do artista, na qual este se define principalmente por sua "atitude negativa".[14] O artista *tout court* não é o homem de nenhum *meio*, ele recusa as formas de homogeneização que cada *meio* oferece aos elementos heteróclitos que ele reúne. Os abecedários, vinhetas, mapas de geografia, modelos de escrita ou outros acessórios pedagógicos que Broodthaers utiliza deixaram de ter sombra física ou aura mítica. Estes são e continuam sendo palavras que designam coisas, imagens que ilustram palavras e representam coisas, coisas que emprestam seus corpos a sig-

---

[14] "Dix mille francs de recompense", *Marcel Broodthaers par lui-même*. Paris: Flammarion, 1998, p. 114.

nificações ou à dissimulação dessas significações. Os elementos metamórficos do quadro de Magritte devem ser abordados de ambos os lados de sua distinção – do lado da "linguística": palavras e seu poder de engendrar espaços; do lado da "sociologia": coisas e sua capacidade de fugir dos significados. Poderíamos tomar como exemplo o trabalho realizado por Broodthaers sobre a fábula de La Fontaine, *O corvo e a raposa*. E poderíamos ver na espacialização dessa fábula por Broodthaers uma resposta à espacialização mallarmeana do *Lance de dados*, questionando toda a utopia gráfica da equivalência das palavras e das formas.

Broodthaers produz uma primeira transformação. Ele substitui no poema de La Fontaine uma "escrita pessoal" inspirada por ele. Essa escrita pessoal, por mais simples que seja, já implica uma estratégia complexa. Primeiramente, ela remete às palavras e aos versos do poema no universo escolar: aquele das pequenas frases que servem para ensinar as bases da gramática ou dão ordens aos estudantes: "O D é maior que o T. Todos os D devem ter o mesmo comprimento. A *jambage* e a elipse têm a mesma inclinação para o A". Em segundo lugar, ele utiliza esse dispositivo pedagógico para sublinhar a ausência daquilo que o poema trata, sua característica puramente verbal: "O Corvo e a raposa estão ausentes. Eu me lembro deles, mas muito pouco. Eu esqueci as patas e as mãos, os jogos e os trajes, as vozes e as cores, a trapaça e a vaidade. O pintor era de todas as cores. O arquiteto era de pedra. O corvo e a raposa eram de letras impressas".[15]

A relação entre as lições ou modelos de escola primária e as frases que dizem a ausência das coisas nas palavras permite dirigir e questionar a utopia da espacialização dos signos/formas. A especificidade das palavras é a ausência das coisas das quais elas falam. A utopia dos signos/formas quer lhes dar um corpo. Ela (a utopia) quer que eles (os signos/formas)

---

[15] *Marcel Broodthaers, Cinéma*, op. cit., p. 53.

desenhem no espaço a forma da qual elas (as palavras) falam. Mas o que isto quer dizer, em última instância, senão que o desejo do arquiteto seja de pedra e do pintor em cor?

A lição das coisas pode então se multiplicar. Broodthaers põe as palavras do poema em uma superfície de pintura, fecha-as no volume de uma caixa ou as imprime em uma tela. Esta perde sua virgindade ao continuar a encenar o papel da superfície de projeção, pois, sobre esta tela coberta de palavras, Broodthaers projeta as palavras do poema e das imagens dos objetos cotidianos – leite, botas ou outros – cujo dispositivo interroga a semelhança com as palavras que as designam. Ao contrário de toda fusão das palavras e das imagens, parece então que esses "semelhantes" só podem coexistir com a condição de se esconderem um do outro. A "espacialização" do poema torna-se, assim, "um ensaio para negar o máximo possível o sentido da palavra como da imagem".[16] O que Broodthaers recusa é o poder metamórfico atribuído à espacialização das palavras. É a ideia da superfície como um *sensorium* comum onde os pensamentos se tornariam formas ou os objetos dos signos. É o poder homogeneizante do *meio*. O quadro negro não é um *meio* de metamorfoses. Os signos se desenham nele sem, para isso, deixarem de ser signos, isto é, de marcar sua diferença com as imagens que apresentam as coisas, com as coisas que essas imagens apresentam ou com o gesto que opera o traçado no quadro. É esse limite do poder das palavras e das superfícies que emblematiza o filme que Broodthaers dedica à célebre placa do metrô parisiense, *Au-delà de cette limite les billets ne sont plus valables* [*Para além desse limite as passagens não são mais válidas*]. A placa filmada é quase uma resposta à colagem dos tíquetes de ônibus na tela de Schwitters. Um tí-

---

[16] Entrevista de Tripé, in *Marcel Broodthaers, Cinéma*, op. cit., p. 59.

quete de transporte não é um material da vida reciclável em elemento de forma artística, como os catálogos e revistas fora de moda apaixonados pelo surrealismo. Ele é apenas um título que permite se deslocar nos limites de um sistema fechado, definido, que limitam dois portões. Além do seu valor significante, as palavras não são mais válidas e a superfície que as porta não as transforma em nenhuma outra coisa. Se as palavras tomam a aparência de coisas físicas sobre a obra-quadro de Broodthaers, é apenas para explicar quais são as relações entre as palavras e as coisas, ao modo das imagens de livros de aula.

A demonstração pode tomar diversas formas: podemos explicar a relação da letra A com a águia ou com a arte. Na escola primária, isso serve para aprender o alfabeto e para associar as coisas que podemos ver e as que podemos apenas imaginar. Isso se chama pedagogia elementar. Depois, o mesmo procedimento de associação pode servir para enunciar a identidade da arte com sua ideia: isso se chama arte conceitual. Podemos também explicar a relação entre a lenda de Lorelei, a poesia de Heine, os cartões-postais desbotados e as oscilações da bolsa de valores: em ciência, isso se chama sociologia, na arte, *pop art*. São duas maneiras de comparar as palavras e as coisas, de torná-las compatíveis sobre um determinado espaço, para mostrar como as palavras se tornam coisas. Mas existe uma maneira mais simples de mostrar esse devir-coisa das palavras, que é coisificá-las: transformaremos, então, a edição de um poema, *Pense-bête* [*Lembrete*], em estrutura plástica homônima ou ainda um texto de Baudelaire em páginas brancas. Ou então, será estabelecida uma imagem do poema espacial *Un coup de dés jamais n'abolira le hasard* [*Um lance de dados jamais abolirá o acaso*] feita de faixas pretas. O devir-coisa das palavras é, literalmente, seu devir ilegível. Se a imagem refuta o poema que ela realiza, é negando sua proposição: a plastificação do poema é estritamente o lance de dados que abole o acaso – o "único número que não pode ser outro".

Um lance de dados contra um outro. Aí está o pivô político da reviravolta realizada por Broodthaers. Ele nos diz o seguinte: os artistas não têm a necessidade de transformar os signos em formas espaciais ou os objetos em signos. Pois essa metamorfose que eles apresentam como o fim glorioso de uma arte que se tornou forma de vida é cumprida prosaicamente todos os dias, na transformação dos signos de troca em coisas. Marx chama essa transformação de fetichismo da mercadoria. Fundando sobre a análise da mercadoria uma crítica da cultura, Lukács, de quem Broodthaers receberá por Lucien Goldmann a lição, chama-a de reificação. A forma plástica do poema é uma operação artística que representa a reificação. Mas é preciso compreender o procedimento. Não se trata de desmistificar Mallarmé, como poderíamos fazer ao confrontar o caráter sublime do projeto poético com algum ícone da trivialidade mercadológica. Trata-se de utilizar a poética mallarmeana (a potência espacializante das palavras-ideias que recusa o privilégio plástico da forma) para confrontar essa potência com a potência comum que transforma em coisas os signos da troca. Sobre o quadro negro, a capacidade das palavras de inventar os espaços acaba se identificando com o seu contrário semelhante: a transformação mercadológica dos signos em coisas e das coisas em signos.

Broodthaers faz então o espaço mallarmeano servir à demonstração dessa equivalência mercadológica contra a qual Mallarmé a tinha concebido. Pois se Mallarmé tinha tão minuciosamente contado os brancos, as linhas e as letras do seu poema, é porque o que importava era uma contra-conta. Ele contrapunha à economia da troca mercadológica, comunicacional e democrática, o ouro do poema constitutivo de uma outra economia, uma economia da grandeza coletiva, sob o risco de que esse ouro não seja, ele próprio, mais do que o "selo espiritual" atribuído a um material qualquer.

É essa dupla economia que revoga a operação exercida por Broodthaers sobre o texto mallarmeano. Essa operação leva em consideração o seguinte aspecto: a transformação dos pensamentos e das palavras em objetos de culto comum, sonhada pelo poeta, já aconteceu. Ela simplesmente se chama mercadoria. Pois a mercadoria não é a visualização vulgar do mesmo. Ela é, desde Marx, a teologia sutil dos contrários indissociáveis.

Broodthaers, ao fazer a dupla economia ortográfica de Mallarmé desaparecer na indiferença de linhas negras, está repetindo a maneira como o trabalho do costureiro desaparece na tela e se fantasmagoriza no fetiche. Não há dupla economia, assim como não há transformação do desperdício do consumo em materiais de arte ao modo dadaísta ou em imagens de sonho ao modo surrealista. Perseguir o preto sobre o branco é o mesmo que perseguir o branco sobre o preto. Distanciar as palavras de Mallarmé de seu espaço é denunciar a pretensão do devir-espaço para refletir a disposição de um alfabeto de astros. O poema só se espacializa de fato em uma determinada condição: esvaziar-se de suas palavras e de seus sentidos. O poema só pode ser simultaneamente o desdobramento do quase-visível da palavra e sua constituição em um espaço material concreto. Existe uma única maneira para que o poema se torne algo espacial: é desaparecer na coisa sem palavras, como os exemplares restantes do *Pense-bête* [Lembrete] em sua "escultura" ou o *Coup de dés* [*Lance de dados*] mallarmeano em sua "imagem". Colocando em paralelo as doze placas que reproduzem as linhas do *Lance de dados* com o seu texto desespacializado, direcionado a seu único "conteúdo" significante, o que Broodthaers fez foi fechar o poema de Mallarmé entre os dois extremos: as palavras sem espaço e o espaço sem palavras.

E sobre os painéis brancos pendurados na parede da "exposição literária em torno de Mallarmé", o alfabeto ordinário só encontra o cachimbo de Magritte como outro equivalente, no qual integra a letra apenas para melhor negar toda correspondência entre o alfabeto das letras e um alfabeto do visível, entre a dispersão espacial do texto e a dissipação da matéria em espírito. Assim, a poética mallarmeana realiza-se com e contra Mallarmé. A arte é a disposição em espaço – não em forma – de uma ideia. E ela é o traço de uma identidade da arte e da não-arte que recusa uma à outra. Mas o que se trata de recusar a partir de então não é a "disposição na superfície" da escrita ou o achatamento da visualização mercadológica. É, ao contrário, a estetização na qual se dissimula o devir-negociante. A oposição mallarmeana do artifício gratuito em relação à necessidade mercadológica encontra-se de fato revirada pelo processo de estetização mercadológica da qual o grafismo simbolista foi o pioneiro. Então é preciso revirá-

-la novamente. Traçar a diferença da arte é desfazer a banalização estética para fazer da arte a apresentação sincera do devir-imagem das coisas e do devir-coisa das significações. Mas, inversamente, este "anti-mallarmeismo" deve ser praticado de modo mallarmeano.

É aproximando Mallarmé de Magritte que Broodthaers se separa da maneira dominante com a qual a arte denunciava o fetichismo da mercadoria e se questionava sobre sua relação com a economia mercadológica. Essa maneira consistia em homogeneizar as imagens de estatutos diferentes: imagens publicitárias copiadas sobre a tela, para denunciar o reino da mercadoria ou objetos de consumo expostos como obras de arte para denunciar a mentira da arte; ícones de arte pictórica depreciadas à categoria de simulacros publicitários; imagens da felicidade mercadológica confrontadas com imagens nuas da dominação. Broodthaers homenageia a virtude clássica desse desvio. E ele também sabe transformar a sereia de Heine

– e a de Mallarmé, na mesma ocasião – em gravura de moda para uma revista da Alemanha na época do milagre econômico.[17]

No entanto, essa transferência de imagens continua ambígua.

A reciclagem dos ícones publicitários pode denunciar a sociedade de consumo devolvendo-lhe suas imagens, e, ao mesmo tempo, a cumplicidade da arte. Mas ela considera esse devir-imagem adquirido e, ao mesmo tempo, ainda usa o poder formal da imagem mantendo esse culto da forma no qual o devir-imagem se sublima.

Quanto a Broodthaers, ele compreende simultaneamente o primado da poética mallarmeana, o das palavras-ideias, e a pureza da demonstração. Ele então se encontra na contracorrente, no ponto em que um dispositivo espacial de ideia permite ver os signos forman-

---

[17] Cf. *Autour de la Lorelei*, edição crítica organizada e com posfácio de Philippe Cuenat. Genève: Mamco, 1997.

do imagens e coisas. Se ele utiliza as imagens, não é como reflexos de um mundo, mas como signos da função-imagem: abecedários, atlas, pranchas e modelos de escrita: tudo o que estabelece uma equivalência entre ideias, signos, imagens e coisas, tudo o que permite conduzir uma lição de coisas. Se ele sociologiza Magritte, é para devolver, ao contrário, a "sociologia" das imagens à forma do enigma. Esta dispõe, sobre uma mesma superfície, palavras, imagens e coisas a fim de esclarecer o modo como elas se transformam umas nas outras. Isso nenhuma imagem de sopa ou de *star* é capaz de fazer. De fato, é necessária uma "imagem" que não seja o duplo de nenhum objeto do mundo, mas a realização de uma ideia. Tal é a "imagem" que Broodthaers propõe do *Lance de dados*. Essa imagem faz do poema espacial um enigma impossível. Ela mostra como as palavras e as imagens só são compatíveis com a condição de se anularem mutuamente. As linhas negras não são nem um poema nem uma forma. Elas são a obra de uma arte que não é mais nem poesia nem artes plásticas. Esta arte utiliza as imagens para desatar o que elas ligam e para tornar as palavras e as coisas novamente comparáveis no mesmo processo que as torna indiscerníveis. Assim, Mallarmé é realizado em sua refutação. Assim, a arte que denuncia o devir-comerciante é também a arte que realiza honestamente o princípio desse devir-comerciante. Muito próximo de Mallarmé e também muito distante.

Por fim, o próprio costumava dizer: "a ideia, a galopes sinuosos e contraditórios, não se opõe nem um pouco a terminar como cauda de peixe".[18]

Nessa oposição de Mallarmé consigo mesmo, algo maior está em jogo, isto é, o choque de duas grandes políticas estéticas, duas grandes formas de extrapolação da arte: a arte que ultrapassa a singularidade das artes e dos suportes para construir formas do espaço comum e a que

---

[18] Mallarmé, "Solitude", *Œuvres complètes*, op. cit., p. 408.

denuncia sua própria pretensão utópica revelando a relação de suas formas às da vida alienada. Opondo Mallarmé a ele próprio, Broodthaers também opõe duas formas dessa autossupressão da arte que, desde o romantismo, continua sendo o destino paradoxal da arte.[19]

---

[19] Tenho de agradecer à Maria Gilissen e também à Corinne Diserens e à Emily Wacker por terem trazido ao meu conhecimento os textos e os filmes de Marcel Broodthaers.

MARCEL BROODTHAERS

UN COUP DE DÉS JAMAIS N'ABOLIRA LE HASARD

IMAGE

GALERIE WIDE WHITE SPACE ANTWERPEN
GALERIE MICHAEL WERNER KÖLN

Sobre o autor

Jacques Rancière é um filósofo francês nascido na Argélia em 1940. Professor da European Graduate School de Saas-Fee e professor emérito do Departamento de Filosofia da Universidade de Paris, é uma referência fundamental do pensamento contemporâneo, tendo a sua vasta obra adentrado o espaço público nas últimas décadas. Os seus textos abarcam e relacionam temas diversos como a filosofia, a historiografia, a literatura, a política, a pedagogia, o cinema, a estética e a arte contemporânea.

Coleção Peles Inventadas

Inventar uma pele é um exercício minucioso que requer atenção aos detalhes e à totalidade do corpo. Os sentidos de superfície e de profundidade entram em uma relação dinâmica para esta série de pequenos ensaios, cujo ponto de partida é uma frase de Nuno Ramos: "inventar uma pele para tudo" (*Cujo*, 1993). "Peles inventadas" propõe a invenção de superfícies textuais e de circulação de formas por escrito: ensaios e textos híbridos que buscam aproximações e fricções da literatura com as artes plásticas, com a filosofia, com a antropologia e com a ciência, inclusive na sua acepção mágica e acidental.

1ª edição [2020]

Esta obra foi composta em Mercury e Trade Gothic
sobre papel Pólen Bold 90 g/m² para a Relicário Edições.